3 0117 03177 6699

D1420820

Odio a mi osito de peluche

I Hate My Teddy Bear

David McKee

A la Maria i la Matilde.

Título original: *I Hate My Teddy Bear*

© David McKee, 1982
Publicado en Gran Bretaña, en 1982, por Andersen Press Ltd.
© De la adaptación del texto original: Grupo Anaya S.A., 2005
© De la traducción: Gonzalo García, 2005
© De esta edición: Grupo Anaya, S.A., 2005
Juan Ignacio Luca de Tena, 15. 28027 Madrid
www.anayainfantilyjuvenil.com
e-mail: anayainfantilyjuvenil@anaya.es

Primera edición, octubre 2005

ISBN: 84-667-4741-9
Depósito legal: S. 1.337/2005

Impreso en Gráficas Varona
Polígono El Montalvo, parcela 49
Salamanca
Impreso en España - Printed in Spain

*Reservados todos los derechos. El contenido de esta
obra está protegido por la Ley, que establece
penas de prisión y/o multas, además de las correspondientes
indemnizaciones por daños y perjuicios,
para quienes reprodujeren, plagiaren, distribuyeren
o comunicaren públicamente, en todo o en parte,
una obra literaria, artística o científica, o su transformación,
interpretación o ejecución artística fijada en cualquier
tipo de soporte o comunicada a través de cualquier medio,
sin la preceptiva autorización.*

WE READ LEEMOS
EN INGLÉS
Y CASTELLANO

Odio a mi osito de peluche

I Hate My Teddy Bear

David McKee

ANAYA
ENGLISH

El jueves, la madre de Brenda viene a visitar
a la madre de Juan.

On Thursday, Brenda's mother comes to visit
John's mother.

Brenda viene a jugar con Juan.

Brenda comes to play with John.

–Salid fuera a jugar con vuestros ositos
de peluche –dice la madre de Juan.

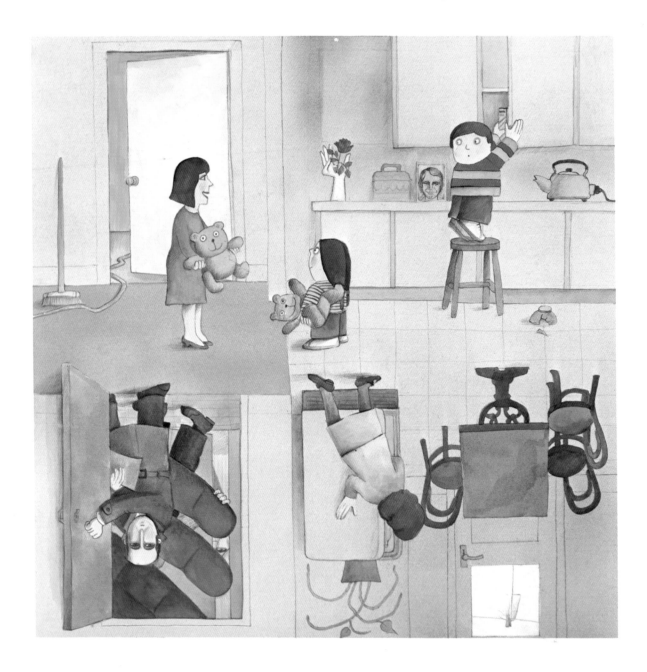

«Go outside and play with your teddy bears»,
says John's mother.

Juan y Brenda se llevan fuera a sus ositos.

John and Brenda take their teddies outside.

–Odio a mi oso de peluche –dice Juan.

«I hate my teddy bear», says John.

–Odio a mi oso de peluche –dice Brenda.

«I hate my teddy bear», says Brenda.

–Pero mi osito es mejor que el tuyo
–dice Juan.

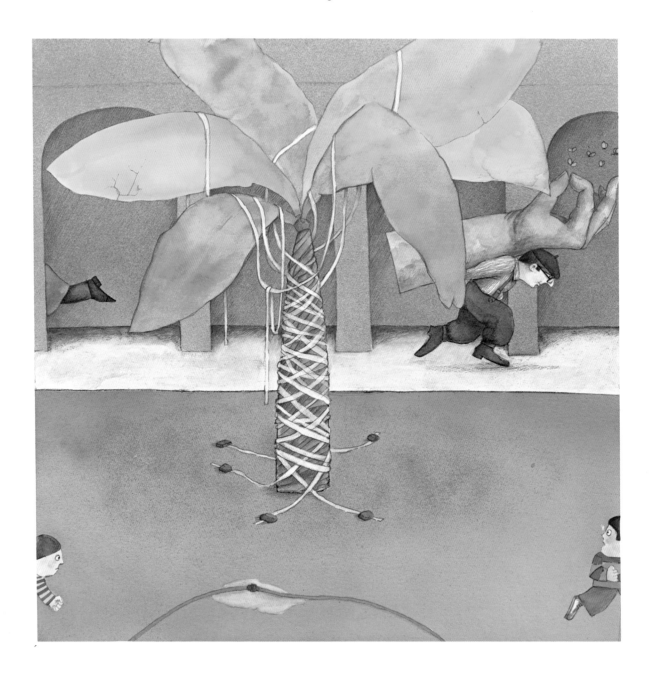

«But my teddy is better than yours»,
says John.

–No, no lo es: mi osito es mejor que el tuyo
–dice Brenda.

«No, it isn't, my teddy's better than yours»,
says Brenda.

–Mi oso sabe hablar –dice Juan.

«My teddy can talk», says John.

–El mío también –dice Brenda.

«Mine too», says Brenda.

–Mi oso sabe contar –dice Juan.

«My teddy can count», says John.

–El mío también –dice Brenda.

«Mine too», says Brenda.

–Mi oso puede contar hacia atrás
–dice Juan.

«My teddy can count backwards»,
says John.

–El mío también –dice Brenda.

«Mine too», says Brenda.

–Mi oso puede CANTAR –dice Juan.

«My teddy can SING», says John.

–El MÍO también –dice Brenda.

«MINE too», says Brenda.

–¡MI OSO ES CAPAZ DE VOLAR!
–grita Juan.

«MY TEDDY CAN FLY»,
shouts John.

–¡EL MÍO TAMBIÉN, EL MÍO TAMBIÉN!
–chilla Brenda.

«MINE TOO, MINE TOO»,
screams Brenda.

–Niños, ¡la hora de merendar!
–dice la madre de Juan.

«Teatime, children»,
says John's mother.

Antes de entrar en casa, Juan y Brenda
recogen sus ositos.

Before they go indoors, John and Brenda
pick up their teddies.

–Qué inteligente, puedes contar hacia atrás
–dice el Osito Rosa.

«You are clever, you can count backwards»,
says Pink Teddy.

–Qué inteligente, sabes cantar
–dice el Osito Azul.

«You are clever, you can sing»,
says Blue Teddy.

–Ah, sí –dice el Osito Rosa–.
Pero no sé volar.

«Oh yes», says Pink Teddy.
«But I can't fly».

–Tampoco yo –dice el Osito Azul.

«Neither can I», says Blue Teddy.

Otros títulos publicados en esta colección:

La triste historia de Verónica
The Sad Story of Veronica

David McKee

Martes terrible
Terrible Tuesday

Hazel Townson · Tony Ross

La culpa es de Óscar
Oscar Gets the Blame

Tony Ross

Ahora no, Bernardo
Not Now, Bernard

David McKee

Nica
Nicky

Tony y Zoë Ross